[韩] 孙京伊 * 著　[韩] 元正民 * 绘　程金萍 * 译

* 重要的 —性—

影响女孩一生的性教育

—生 理 篇—

中信出版集团 | 北京

图书在版编目（CIP）数据

重要的性·影响女孩一生的性教育. 生理篇 /（韩）孙京伊著；程金萍译. —北京：中信出版社，2021.7（2025.10 重印）
ISBN 978-7-5217-3223-8

Ⅰ. ①重… Ⅱ. ①孙… ②程… Ⅲ. ①女生—性教育 ②女生—生理卫生—健康教育 Ⅳ. ①G479

中国版本图书馆CIP数据核字（2021）第106931号

重要的性·影响女孩一生的性教育：生理篇

著　　者：［韩］孙京伊
绘　　者：［韩］元正民
译　　者：程金萍
出版发行：中信出版集团股份有限公司
（北京市朝阳区东三环北路 27 号嘉铭中心　邮编　100020）
承 印 者：北京盛通印刷股份有限公司

开　　本：787mm × 1092mm　1/20　　印　　张：6.4　　字　　数：100千字
版　　次：2021年7月第1版　　印　　次：2025年10月第8次印刷
京权图字：01-2021-3739
书　　号：ISBN 978-7-5217-3223-8
定　　价：39.80元

出　　品：中信儿童书店　图书策划：神奇时光　总 策 划：韩慧琴　策划编辑：李苑苑
责任编辑：韩慧琴　营销编辑：李梦淙　装帧设计：王艺橙

服务热线：400-600-8099
投稿邮箱：author@citicpub.com

前 言

各位亲爱的读者，大家好！

“女生为什么会有月经？”

“我的胸部会越来越大吗？”

…………

大家有没有过这样的疑惑？

老师希望大家能充分

了解自己的身体。

如果提前了解了身体将会发生的变化，

我们就能坦然地迎接更好的自己，

健健康康地成长。

本书内容涵盖“我的身体”从“诞生”到“青春期”
这个过程会发生的种种变化，
和大家分享了与身体相关的 23 个故事。

这些故事涉及大家可能因害羞而
难以启齿的各种话题。

希望大家认真阅读本书，努力“做自己”，
而不是单纯地只“做一个女生”。

祝福可爱的女生们
一直幸福下去！

孙京伊老师

目录

第1章

我对自己的身体很好奇

01 我也想变漂亮

听听我的故事

真羡慕有些姐姐们

脸小，眼睛大，个子高，皮肤白，

身材纤细，穿什么衣服都好看。

而我呢，脸大，眼睛小，个子矮，

身材胖乎乎，穿什么衣服都不好看。

啊！我一点儿也不喜欢自己！

我想变漂亮，

那样大家应该都会喜欢我了吧……

请珍爱你原本的模样。

走在大街上，看到那些脸小肤白、身材纤细的小姐姐，你是不是有点儿羡慕？有些孩子为了变瘦、变漂亮，想尽一切办法减肥，还有些已经开始学着化妆了。

关于漂亮的定义，不同的人有不同的理解。比如女明星，她们的确看起来很美丽。但在我眼中，她们的美丽并不在于脸小、身材好，而在于她们为了实现自己的梦想而坚持不懈地努力。

我们都想让自己看起来更漂亮一些，总想着让身材再窈窕一点儿，让皮肤更白皙一点儿，或者让眼睛更大一些、脸更小一些。

大家现在正是长身体的时候，个子会长高，身体其他部位也会发生很多变化。在这么重要的阶段，大家应注重营养均衡，增强体力，提高免疫力。如果为了减肥而节食，稍有疏忽，就会损害身体健康。

漂亮的标准并不唯一，大家不要随波逐流，而应多多发掘自己的闪光点，重视自己的优点。每个人都是世界上独一无二的个体，你本身就散发着独特的光芒。大家要坚信这一点哟！

无论任何时候都请珍惜和爱护你的身体。

02 我怎么没有小鸡鸡？

听听我的故事

奶奶每次看到我都会说：

“你要是有小鸡鸡就好了。”

为什么有小鸡鸡就好了？

为什么只有男生有小鸡鸡呢？

我去问妈妈，妈妈说我是女生，拥有阴唇、阴蒂……

奶奶如果再提小鸡鸡的事情，

我就和她说我有阴唇，也一样好！

阴唇是女性外生殖器的一部分。

我们身体最重要的部位是哪里？有人说是眼睛，也有人说是嘴巴……的确，眼睛和嘴巴非常重要，但老师认为，身体的每个部位都很重要，在本书中，我们重点了解一下与眼睛、嘴巴同样重要的生殖器。生殖器包括内生殖器和外生殖器。我们先从外生殖器讲起。

女性和男性都有外生殖器，只是各自的名称和外观有所不同。

大家怎么称呼自己的外生殖器呢？外生殖器是一个统称，女性的外生殖器包括阴唇、阴蒂等，其中阴唇有很多俗称，比如“小妹妹”“宝贝”“那里”等。“小妹妹”一词是与“小弟弟”相对应的，是因为很多人习惯称男性外生殖器的一部分——**阴茎**为“小弟弟”，所以后来也就有人用“小妹妹”一词来称呼女性的阴唇。但有时候这个词容易引起误会，因此建议大家用最准确的名称阴唇。

通常，很多人都不愿意提起生殖器官的名称，因为害羞，感觉难以启齿。不过，生殖器官绝对不是令人害羞或绝对不能提及的部位，它们是我们身体的一部分，具有非常重要的作用。

请大家以后使用各生殖器官的准确名称，这是正确看待和理解自己身体的第一步。

03 我不能站着尿尿吗?

听听我的故事

男生洗手间里有便于坐着使用的马桶，

也有方便站着使用的小便池。

女生洗手间里有马桶，也有蹲便器，

但是没有男生那种小便池。

“我不能站着尿尿吗？”

为什么男生和女生尿尿的姿势不一样呢？

这是谁规定的？

女生和男生生殖器官的外观和构造各不相同。

女生和男生的洗手间是不一样的。男生洗手间里，靠墙一般有一排男生站着尿尿用的小便池。而女生洗手间里没有那样的便池，因为通常，女生都是坐着或者蹲着小便。为什么男生和女生尿尿的姿势不一样呢？

女生和男生小便姿势不同的最根本原因是泌尿系统解剖结构不同。尿道是尿液流出来的通道，是泌尿生殖系统（泌尿系统与生殖系统在个体发生上有共同起源，所以两个系统常合称泌尿生殖系统）的一部分。女生的尿道口被阴唇包裹着，而男生的尿道贯穿阴茎。

大家都知道，男生的阴茎在身体外面。因此，男生就算站着尿尿也不会将尿液弄到身上，而女生如果站着尿尿，尿液会顺着大腿内侧流下去。这样一来，女生每次小便后都需要清洗，是不是很不方便呢？所以女生最好坐着或蹲着尿尿。

为了保持洗手间的干净整洁，也有男生开始坐着小便。其实，无论是站着还是坐着尿尿，都只是一种排泄方式而已，无须多想。男生坐着尿尿只是他的一种选择，别人没有权利去指指点点，甚至是嘲笑或者说三道四。

04 我的外生殖器长什么样子？

听听我的故事

我的身体有一个私密之处，

妈妈对我说，那是一个非常重要的地方，

但我从来没看过。那就是外阴（也称女外阴、女性外生殖器）。

“我明明是它的主人，却对它一无所知，

真是太不像话了。”我心里暗暗地想。

我对它的外观非常好奇，

但不管我怎么低头都看不清它。

呜呜——我应该怎样做才能看清它呢？

大家需要找一个私密的空间，
用镜子来观察外阴。

我们从小被教导，外阴非常重要，自己不能随便抚摸，更不能让朋友、亲戚或其他人看到。对于这么重要的外阴，大家又了解多少呢？

你有没有观察过自己的外阴呢？有些人认为，这是一种令人害羞或者错误的行为，因此觉得不应该这样做。

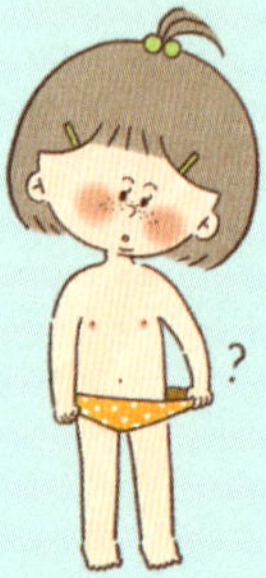

观察自己的外阴并不是一件羞耻的事，更不是一种错误的行为。就像我们的眼睛、嘴巴、肚脐一样，外阴也只是承担着身体重要功能的器官而已。

外阴位于两股内侧间，比较隐蔽，就算脱掉衣服自己也很难看到。要想观察外阴，大家最好找一面镜子，选择在家里的洗手间或自己的卧室等安全私密的空间看。如果看不清楚也不要使劲张开腿，或者使用其他工具，那样很容易伤到自己。

观察外阴是为了更好地了解、爱护自己的身体。

大家第一次看到自己的外阴时，有可能会觉得它长得很奇怪。其实，并不是外阴的外观奇怪，只是大家对它有些陌生而已。正如人们的外表和性格各不一样，外阴的模样和颜色也都因人而异。

男生因为比较容易观察到自己的外生殖器，所以在成长的过程中，对自己外生殖器的了解也多一些。女生在慢慢长大的过程中，也应该找时间用正确的方法观察一下自己的外阴，对自己的外阴多一些了解。最重要的是，大家一定要懂得，自己的身体是宝贵的，要注意保护自己。

我很好奇！

我对生殖器官很好奇

女生的**外阴**不容易观察。因此，大多数人应该不知道自己的外阴到底长什么样。

外阴最外侧是阴唇。阴唇分为**大阴唇**和**小阴唇**。大阴唇为两股内侧一对纵行隆起的皮肤皱襞，包裹覆盖着小阴唇、阴蒂、尿道外口和阴道口等。大阴唇内侧一对薄薄的皮肤皱襞就是小阴唇。

大家还需要对内生殖器有一定的了解。内生殖器包括阴道、子宫、输卵管和卵巢。**阴道**是女性月经期时经血流出来的通道，也是分娩时胎儿娩出的通道。**子宫**是孕育胎儿和产生月经的器官，它下端接阴道，两侧与输卵管相连通，在子宫旁侧、输卵管下面有产生卵子的**卵巢**。卵子和精子在输卵管相遇后形成受精卵，受精卵进入子宫内发育成胎儿。

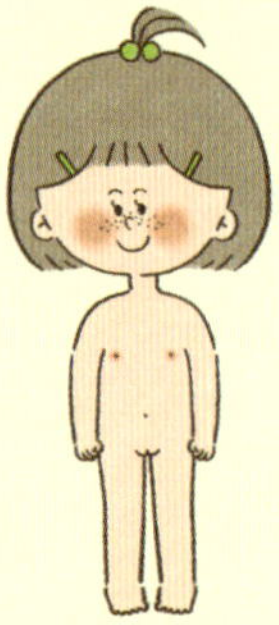

外生殖器

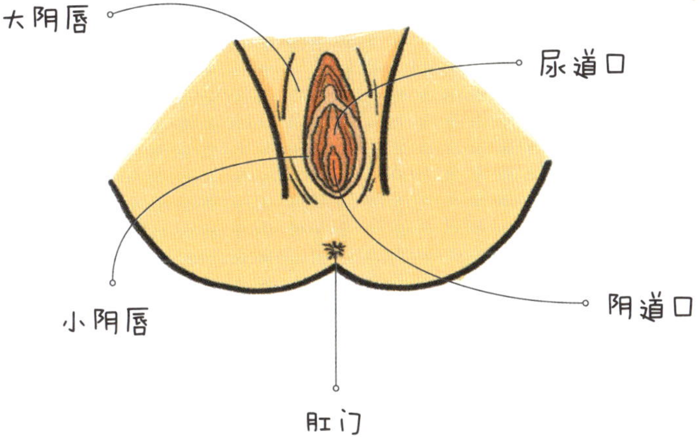

内生殖器

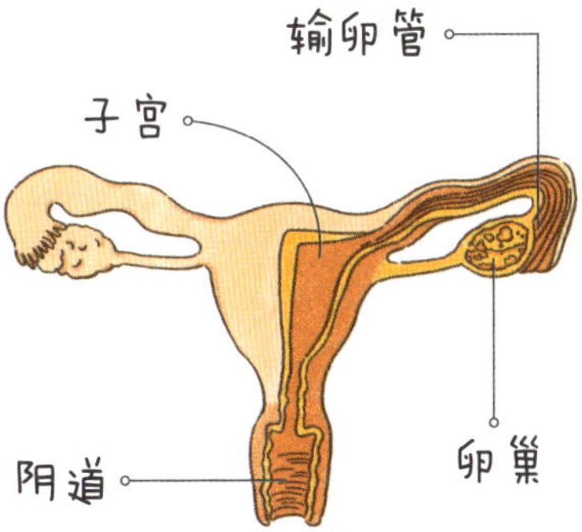

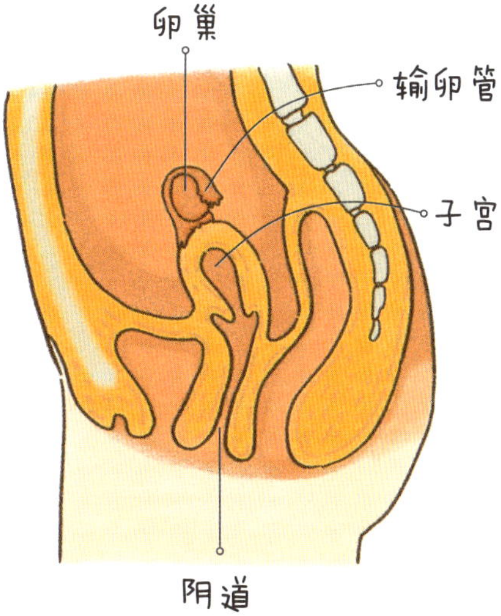

05 抚摸外阴时感觉很舒服

听听我的故事

在一个黑漆漆的夜晚，我把手伸到衣服里，

抚摸自己的外阴。

当时，我感觉很好玩，

也很舒服，便一直抚摸它。

如果让妈妈知道了，她肯定会训斥我的。

因为她不让我抚摸自己的各个生殖器官。

这种行为是不对的吗？

为什么妈妈不允许？

为什么我会想这么做呢？

你的身体非常宝贵，一定要小心对待它。

在儿童探索身体各器官的阶段，有时会用手抚弄生殖器官，或者偶然被玩偶、枕头、被子等物品蹭外阴时，会感觉舒服。

像这样刺激自己的生殖器官，让自己心情愉悦的行为称为**自慰**。大多数人认为只有男生才会自慰，但其实，女生和男生一样，都会自慰。这种行为并不奇怪，是人类的本能。

大人看到孩子有这样的行为时，不要加以训斥："哎呀，羞死了！"次数多了，那些挨训的孩子就会认为自慰是一种不好的行为，自慰时就会有一种深深的愧疚感。

自慰被认为是一种生理回馈反应，是人类的本能。因此，大家不要因为自慰这件事而过分苛责自己。不过，这种行为不能随心所欲、没有节制，因为可能会给身体带来一些困扰，甚至造成生理损害。

自慰是一件很私密的事情，一定要选择恰当的时间和地点，可单独在自己的房间或家里的洗手间等安全的地方进行。在学校洗手间等公共场所千万不要自慰。

大家不能将自己的生殖器官给别人看或让别人摸。大家也不能看或抚摸别人的生殖器官。当然，也不可以随意抚摸别人身体的其他部位。

06 为什么女生要了解男生的身体呢？

听听我的故事

有一天，一位性教育老师来到我们学校，

为我们详细地介绍了男生和女生的身体构造。

老师说，我们不仅要认真

了解女生的身体，也要认真了解男生的身体。

虽然老师的讲解很精彩，

但是在听到关于男生身体的话题时，我就感觉有些无聊。

我明明是女生，

为什么还要了解男生的身体呢？

只有了解对方的身体，才能更好地尊重对方。

大家见过刚出生的婴儿吗？如果他们穿着同样的衣服，你就很难区分哪个是男孩哪个是女孩。不过，随着他们逐渐长大，女孩和男孩的身体会慢慢发生变化，出现不同的特征。

尤其是在青春期，男孩和女孩的身体会发生很大的变化。个子会呼呼地蹿高，腋窝长腋毛，外生殖器位置长阴毛。女生的乳房会变大，来月经，骨盆会变大，屁股变丰满；男生睾丸（位于阴囊内）会变大、阴茎变长，喉结突出，会长胡子，肩膀和胸部更宽阔结实。

不过，有人认为“我是女生，只要了解自己的身体就好了”，大家有没有过这样的想法呢？

在日常生活中，女生和男生要一起上课、一起工作等。因此，大家应该了解一下异性的身体，尤其是那些外表看不出来的身体变化。只有彼此了解，才能更好地尊重对方，认可对方。

大家在了解异性的身体时，没有必要感觉害羞或者尴尬。相反，如果没有准确了解异性身体发生的变化，很有可能会引起误会。

老师建议女生了解一下男生的身体，男生也要了解一下女生的身体。

我很好奇！

我对男生的身体很好奇

小的时候，从外表看起来，女生和男生的身体差异并不明显。然而，随着年龄的增长，女生和男生的生理和心理都会发生一系列变化——有些是相似的，也有些是完全不同的。对于没有亲身经历过的事情，大家会不大清楚，很有可能会因不清楚产生误会。这也是为什么我们要了解男生的身体情况。

从现在开始，老师将为大家介绍男生身体的一些代表性特征，让我们一起认真了解一下男生的这些身体变化吧！

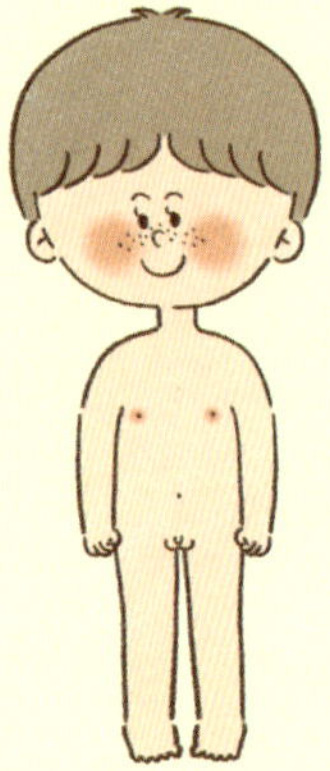

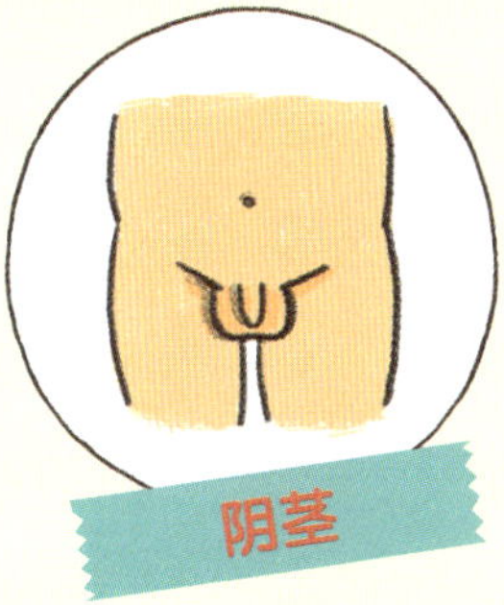

阴茎是男生生殖器官的一部分，对于男生来说非常重要。男生的生殖器官，如睾丸、阴茎等长在身体外面，很容易受到外部的刺激。因此，绝对不能击打或者拨弄男生的这些器官，哪怕是开玩笑也不行。

勃起通常指的是男性阴茎变坚挺的情况。触摸、走路摩擦等局部刺激都会引起阴茎反射性勃起。除此之外还有一种夜间睡眠勃起，这些都是身体健康男性的正常表现。

在青春期，男生的个子会变高，肩膀会变宽阔，阴茎会变大，阴茎周围、腋窝下面及大腿等位置开始长体毛。男生的嗓音会变低，还可能会出现嗓音嘶哑或者声带撕裂现象。此外，男生还会遗精，也就是男生体内产生的精液无意中外流。青春期出现的这些变化都是男生健康茁壮成长的象征。

07 我现在不能和爸爸一起洗澡了吗?

听听我的故事

很小的时候，都是爸爸给我洗澡的。

今天，我正准备和爸爸一起去洗澡，

结果被妈妈拉住了。

妈妈说：“你马上就要上小学了，以后和妈妈一起洗澡吧。”

爸爸笑了笑，走进了洗手间。里面还传来锁门的声音。

天哪！

“哼！为什么我是小学生了就不能让爸爸给洗澡啊？”

我有些不开心。

到了一定年龄，要和异性家人分开洗澡。

你一般怎么洗澡呢？因为大家年龄还小，很难自己将身体清洗干净，所以通常是在父母的帮助下洗澡的吧。我们小时候也会和父母家人一起洗澡，自然而然地就知道大人和小孩的身体、男生和女生的身体是不一样的。

不过，不知不觉间，大家就到了要和异性家人分开洗澡的时候了。这个时间节点因每个家庭和每个人的情况而异。在上小学或者你自己能清洗干净身体的时候，便可以自己一个人洗澡了。

大家之所以会有不便或尴尬的感觉，是因为随着年龄的增长，大家逐渐意识到男生和女生的身体是有差异的。因此，从尊重彼此身体的角度出发，大家应该与异性家人分开洗澡。

去公共浴池也是一样的。作为女生，要和妈妈或者女性监护人一起去女浴池。在公共浴池里，除了家人，还有其他人，大家要谨慎一些。

08 我每天都要清洗身体吗?

听听我的故事

一天，我和爸爸、妈妈去野营。

因为玩得太累了，回到家后我有些困，
只是简单洗了洗手就躺在了床上。

妈妈看到后，把我推进浴室里，
告诉我必须把身体清洗干净。

“唉，明天早上洗不也一样吗？”我辩解道。

明明身上没有多少脏东西，为什么还要清洗？
每天都要这么麻烦吗？

清洁是保证身体健康、维护个人形象的开始。

有很多小朋友认为，如果身上没有沾上很脏的东西，或者没有什么奇怪的气味，就不用洗澡。那么，真的是这样吗?

我们去学校上课，和朋友们一起玩，身上会沾上一些肉眼不易看到的污渍、灰尘，还有细菌。回家后，如果不清洗，这些灰尘或者细菌很有可能会进入我们的体内，让我们生病。因此，建议每天清洗身体。

如果身体很脏，免疫力就会下降，人就很容易生病。免疫力指的是机体抵抗和排除外部病原微生物侵害身体的能力。那些免疫力强的人不会轻易生病。

虽然每天清洗身体非常麻烦，但一定要养成习惯。这样长大成人后，我们也会好好护理自己的身体，保持身体干净和健康。

大家一定要把身体的每个部位都认真清洗干净，尤其是我们容易忽略的地方，比如腋窝、双腿间、脚趾缝、后背或屁股，以及其他较为隐秘的部位等。此外，大家还需要仔细地洗头、认真刷牙等。

需要重点说一下的是，外阴更要清洗干净，要打开淋浴喷头用流水冲洗。

课后活动 01

了解一下身体的秘密！

我们对自己“神秘”的身体有了一定的了解后，有没有什么想法与计划来更加珍惜、爱护自己的身体呢？

孙老师还要提醒大家，你的身体非常宝贵，别人的身体也一样宝贵。

为了加深大家对刚刚所学知识的理解，孙老师准备了《OX小测验》。通过这些有趣的测验题，我们一起来回顾一下之前学习的内容吧。

① 女性外生殖器指大阴唇、小阴唇、阴蒂等，男性外生殖器指阴茎、阴囊等。 O X

② 女生的阴唇也被称为“小弟弟”。 O X

③ 女生的生殖器官大部分在身体内部。 O X

④ 自慰是一件令人羞耻的事情，坚决不可以做。 O X

⑤ 自慰前后，最好将手认真清洗干净。 O X

⑥ 女生任何时候都可以和爸爸、哥哥、弟弟一起洗澡。 O X

⑦ 如果有男生坐着尿尿，大家可以嘲笑他。 O X

⑧ 男生和女生可以不用了解彼此的身体情况。 O X

⑨ 男生只有脑海里有淫秽想法时才会发生勃起现象。 O X

答案 ①O ②X ③O ④X ⑤O ⑥X ⑦X ⑧X ⑨X

感谢您
生下了我。

第2章

我们是如何出生的？

妊娠和分娩

09 婴儿是怎么来的?

听听我的故事

妈妈说她肚子里有一个小宝宝。

她的肚子圆鼓鼓的，
看来小宝宝应该是胖乎乎的。

我把手放在妈妈的肚子上，
有时候还能感觉到小宝宝在动，
真的好神奇啊！

不过，这个胖乎乎的宝宝是如何
钻到妈妈肚子里的呢？

女生卵子和男生精子的相遇。

孙老师举办性教育讲座时，经常有小朋友这样问："老师，小宝宝是从哪里来的呀？"孙老师听到这样的问题非常高兴，因为大家开始对"自己是从哪里来的""自己是如何出生的"等问题感兴趣了。

大家只有清楚地知道自己是从哪里，并经历了怎样的过程才来到这个世上的，才会认识到自己是多么了不起的存在。

大家都玩过乐高积木吧？乐高积木相匹配的凹进去和凸出来的部分拼在一起，看起来严丝合缝。大家可以将积木凹进去的部分想象成女性的外阴，把积木凸出来的部分想象成男性的阴茎。

女性和男性的外生殖器像积木一样结合在一起后，男性射出的精子就会游到女性体内。在数亿个精子中，有时只有一个精子能进入女生的卵子，有时会有多个精子进入女生的卵子，即使是多个精子，一般也只有一个精子与卵子相结合，形成受精卵。从受精卵形成到胎儿分娩的过程称为“**妊娠**”。

在妊娠期，女性的身体会发生很大的变化，比如，有的人一闻到食物的味道就会恶心呕吐，有时候还会头晕。为了让胎儿健康成长，妈妈应严格注意饮食和着装等。婴儿呱呱坠地前，一般在妈妈肚子里待40周。正是有了妈妈的护佑和照顾，大家才能健健康康地出生来到这个世界。

胎儿的成长是一个漫长且艰难的过程，我们每个人都是无比珍贵的生命个体。对于怀胎十月、辛苦分娩的妈妈，还有在此期间一直陪伴在妈妈身边的其他人，大家一定要心怀感恩之情。

我很好奇！

我们来了解一下妊娠

女性的卵巢会产生卵子，卵子长大成熟后会从卵巢里出来（排卵），向输卵管移动。通常，女性每个月都会排出一颗**卵子**。卵子在前往输卵管的过程中遇到精子就形成了**受精卵**。

受精卵经输卵管移动至**子宫**，然后安全地埋入子宫内膜中，这个过程就是**着床**。这个过程大约需要一周的时间，受精卵一旦着床，则代表着女性已经开始**妊娠**。

妊娠的开始，也就意味着一个生命的开始，就要开始对一个生命负责。因此，这件事情必须要水到渠成。如果没有做好当爸爸、妈妈的准备，就不要发展到妊娠这一步。

妊娠的开始

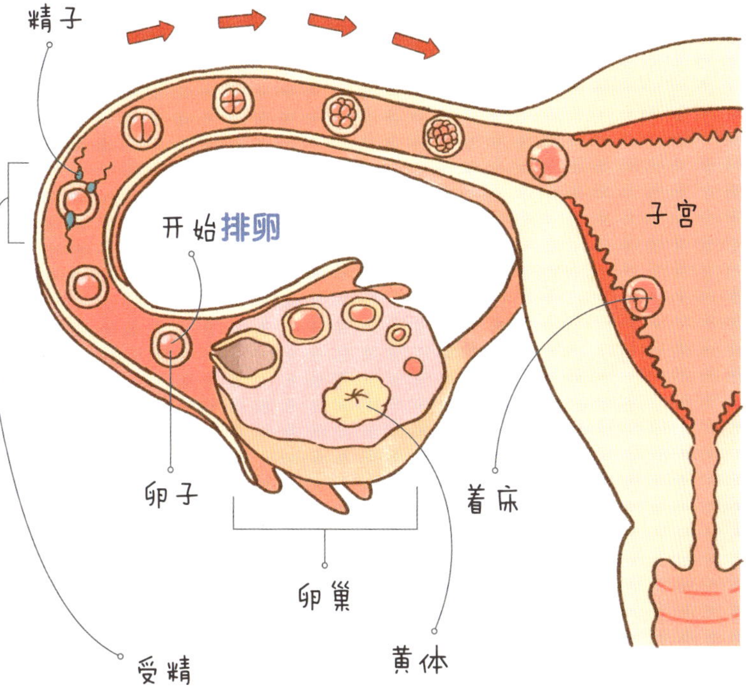

10 听说妈妈肚子里有供小宝宝住的房子！

听听我的故事

大人们说，妈妈肚子里住着一个小宝宝。

奶奶还说，妈妈肚子里有一个小房子，
小宝宝在出生之前，
会一直住在里面。

小宝宝住的房子什么样啊？

妈妈肚子里的小房子肯定很矮很窄，
小宝宝不会感觉难受吗？

真希望他能快点出来，和我们一起住在大房子里。

胎儿需要在妈妈子宫里待 40 周。

卵子和精子相遇形成受精卵，受精卵进入子宫安全着床，然后在这儿“住”40周，以健康成长。因此，子宫也被称为“胎儿长大的家”。胎儿在子宫里通过吸收妈妈身体的营养成分，健康茁壮地成长。

子宫很温暖，也很安全，开始只有拳头般大小，而随着胎儿不断长大，子宫也会慢慢变大。最终，子宫会像气球一样膨胀，约变为原来的1000倍大小。

那么胎儿出生后，膨胀了的子宫会怎样呢？这个大家不用担心，子宫会慢慢收缩直至恢复到原来大小。

充满子宫羊膜腔的一种温暖液体，称为羊水。胎儿会一直漂浮在羊水里。羊水有缓冲作用，可以保护胎儿免受挤压与外界的碰撞，还能保持羊膜腔内恒温，为胎儿提供一个温暖的环境，还可保护母体，减轻胎动不适感。

我很好奇！

胎儿是吃什么长大的?

胎儿通过一条纽带与妈妈相连，这条纽带叫作脐带。

胎儿在妈妈的子宫里时，肚子上有一根带子，带子的另一端是胎盘，连接着妈妈。

胎儿通过脐带吸收营养！

妈妈通过食用各种各样的饭菜来获得营养，而胎儿则是通过脐带与妈妈进行营养和代谢物质的交换，从而茁壮成长。

脐带脱落的位置便是肚脐！

婴儿出生后，应在脐带末端位置将其结扎剪断，并进行消毒。大约一周后，脐带会自动变干脱落，而脐带脱落的位置便是肚脐。所以说，肚脐是我们在妈妈肚子里时和妈妈紧密连接在一起的宝贵象征哟。

妈妈子宫里的胎儿

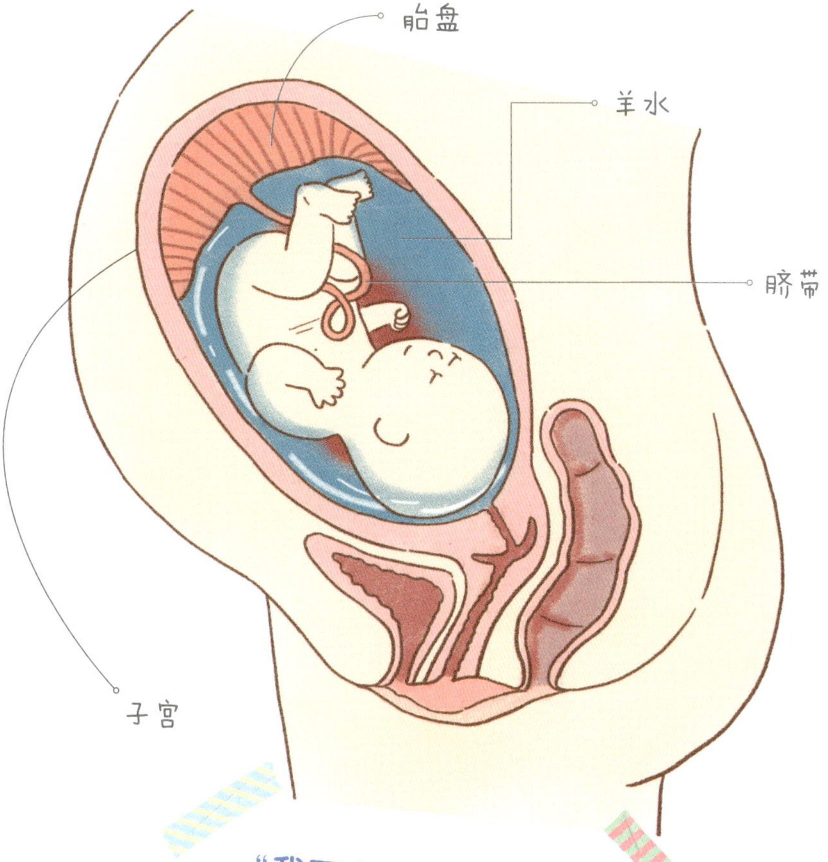

"我正在茁壮成长哟！"

11

孩子是如何降临世间的？

听听我的故事

听说妈妈肚子里的小宝宝长大了，马上就要出来了。

我听后心里很高兴。

因为小宝宝的关系，妈妈已经好久没有和我去过游乐园，
也好久没有背过我了。

“真想赶紧把小宝宝从妈妈的肚子里‘取’出来。”

不过，怎样才能将小宝宝“取”出来呢？

不管我怎么找，都没找到能把小宝宝“取”出来的地方……

妈妈的身体里有一个专门分娩的通道。

胎儿在妈妈的子宫里茁壮成长约40周后，便开始准备降临世间。为了将已经长大的胎儿娩出体外，子宫会不断收缩产生动力，也就会引起阵痛。所以胎儿降生时，妈妈的肚子会非常疼。

随后，子宫口会慢慢打开，包裹着胎儿的胎膜破裂，胎儿呱呱坠地。这个过程称为“分娩”。分娩方式有两种：一种是阴道分娩，另一种是剖宫产。

阴道分娩俗称顺产，是指胎儿通过产道自然娩出。分娩时，妈妈的阴道会像皮筋一样不断被抻大。胎儿就从这个通道出来，正常情况先是露出头，接着是肩膀、腿。欢迎新生命的到来！

剖宫产指的是通过手术切开腹壁和子宫将胎儿取出来的一种分娩方式。据说，古罗马的努马·庞皮留斯国王当时下了一道命令：如果孕妇生孩子时难产死亡，必须切开腹部将孩子取出来，以挽救胎儿。剖宫产由此诞生，人们称这种方式为“帝王切开术”，顾名思义就是“帝王命令进行的手术”。人们选择剖宫产的原因有很多，比如胎儿太大、孕妇身体状况不好等。

胎儿出生的方式需要根据胎儿和孕妇的情况综合进行判断。不管是阴道分娩，还是剖宫产，两者都绝非易事，过程都伴随着疼痛和风险。所有的妈妈都是经历了这个辛苦的过程才将孩子带到世界上的。

12 为什么只有妈妈的乳房才有奶水？

听听我的故事

我放学回到家，

发现弟弟正依偎在妈妈怀里吃奶，便说：

“我也想喂他吃奶。”

妈妈听后，嘻嘻地笑起来：

“等你以后当了妈妈，也会有乳汁的，可以喂自己的小宝宝。”

为什么我的乳房

现在没有乳汁呢？

母亲生下孩子后，乳腺会分泌乳汁。

故事里的小朋友想像妈妈一样喂弟弟吃奶。不过，并不是所有人的乳房都有乳汁。那到底是哪些人在什么时候能有呢？

步入青春期后，女生的身体会发生很多变化。这个时候，女生的乳房开始发育，会变大，乳房内的乳腺也变得发达。乳腺就是分娩后分泌乳汁的器官。

乳腺随激素水平的变化而不断发育，但平时一般不工作，妊娠后才开始工作，并得到充分发育，为胎儿的出生做好充分的准备工作。乳汁富含多种易于婴儿消化吸收的脂肪、蛋白质、矿物质等营养成分及免疫物质，能帮助婴儿健康成长，增强免疫力，预防疾病。

母乳的量因人而异，所以有些婴儿仅靠母乳吃不饱肚子，就需要给他们搭配一些奶粉。当然，也有一些父母选择只给婴儿喝奶粉。不管是吃母乳还是喝奶粉，都可以为婴儿健康成长提供营养，父母或者监护人可根据实际情况选择一种适合的喂养方式。

相信有很多人非常好奇：“爸爸的乳房会不会分泌乳汁呢”？当然，男性的乳房也有乳腺，但男女的身体结构天生存在差异，男性的乳腺并不像女性那样发达。男性不能妊娠，所以也就不能分泌乳汁喽！不过，爸爸也可以参与喂奶这个过程，他可以将母乳或奶粉放在奶瓶里，喂给婴儿吃。在爸爸和妈妈的喂养和精心照顾下，大家才会健康地长大成人。

13 我们是双胞胎

听听我的故事

我有一个双胞胎姐姐，

她比我早出生10分钟。

大家常常把我俩弄混，

把名字叫错。

每当遇到这种情况，我都会非常郁闷。

虽然我和姐姐长得很像，

但我们的想法和喜欢的东西却天差地别……

大家千万不要再把我们搞混了！

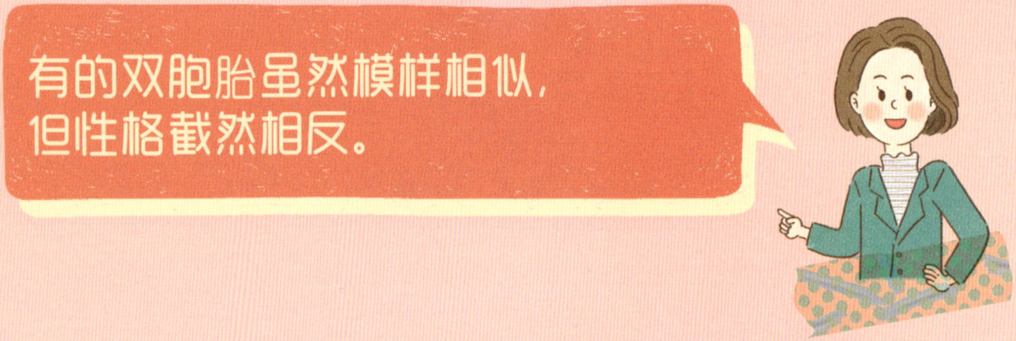

大家身边有双胞胎朋友吗？他们长得一样，如果还穿着相同的服装，是不是很难将他们区分开来呢？单卵双胞胎的模样非常相似，外人很难将他们区分开来。那双胞胎是怎么形成的呢？

妈妈体内的卵子和爸爸体内的精子相遇会形成受精卵，受精卵在子宫里着床，慢慢长成胎儿。

一次妊娠宫腔内同时有两个或两个以上胎儿称为多胎妊娠，最常见的是双胎妊娠，也就是双胞胎。

由一个受精卵分裂形成的双胞胎称为单卵双胞胎，这种情况下的双胞胎不仅性别相同，连长相都极其相似。

不过，也有两个卵子和两个精子分别相遇形成两个受精卵并着床的情况，这种双胞胎被称为双卵双胞胎。这种双胞胎的相貌和性别有可能相同，也有可能不同。

世界没有一模一样的两个人，每个人的诞生和成长过程都有自己独有的特点。

就算是单卵双胞胎，彼此的优点、想法、喜欢的食物及性格也不完全相同。他们只是长相和体形比较相近。如果大家身边有双胞胎朋友，请将他们每个人都看作独立而珍贵的生命个体。

我很好奇！

双胞胎是如何形成的？

双胞胎的形成源自受精卵的分裂，包括性别和相貌几乎完全相同的“单卵双胞胎”，以及性别和相貌可能相同也可能不同的“双卵双胞胎”。

单卵双胞胎

一个受精卵分裂形成两个胎儿，这时因为有同样的遗传基因，这样的双胞胎不仅性别一致、相貌极其相似，血型等生理特征都很一致。

双卵双胞胎

通常，女性每个月只排出一个卵子，但有时候也会排出两个。这种情况下，两个卵子各自遇到精子，分别受精形成两个受精卵，由此诞生的双卵双胞胎各自的遗传基因不完全相同，因此彼此的性别和相貌可能相同，也可能不同。

单卵双胞胎

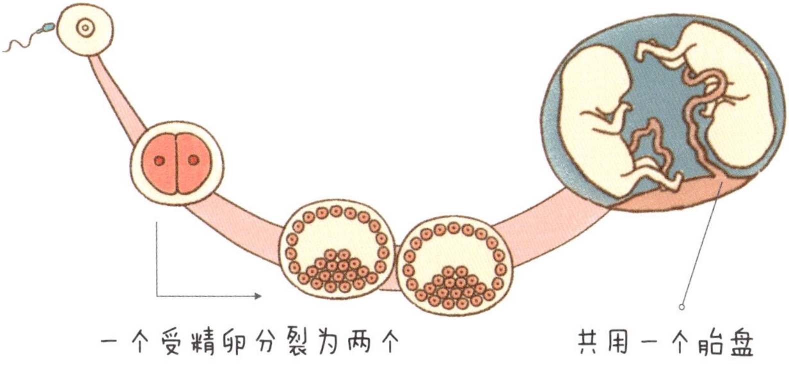

双卵双胞胎

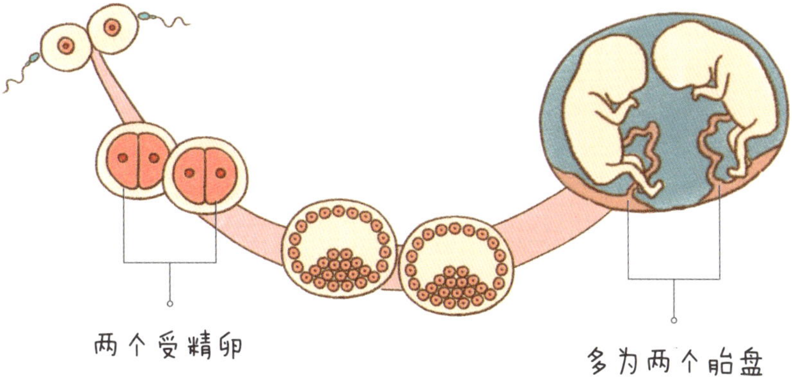

14 妈妈为什么要去妇产科?

听听我的故事

我和妈妈一起去妇产科。

“妈妈是有宝宝了吗？”

我指着妈妈的肚子问道。妈妈笑着摇摇头：

“妈妈是女生，只是定期来妇产科。”

在妇产科还能看到一些初中生和高中生大姐姐。

不过，好奇怪啊，为什么没有怀孕也要去妇产科呢？

女生应该定期去妇产科。

牙疼要去口腔科，肚子疼去内科，儿童不舒服去儿科。那都是哪些人去妇产科呢？妇产科又是什么科呢？

妇产科不只是妊娠的女性定期前去问诊及生孩子的科室，也是研究女性各时期生理特点及生殖系统疾病等的科室。所以不管有没有结婚、有没有怀孕，女性都应该定期去妇产科问诊、检查身体。

对于未成年女性，尤其要未雨绸缪，最好定期去妇产科接受医生的检查和诊断，以远离疾病，健健康康地生活。

以前，很多人都认为，妇产科只是妊娠和分娩的女性该去的地方，可能现在有些人还有这种观念。我们必须认真了解一下妇产科学，以在对身体发育有疑问或不舒服的时候，及时去妇产科寻求医生的帮助。

对于女性来说，不管结没结婚，都有可能遭遇生殖系统疾病的困扰。但很多女性即便身体不舒服，有这方面的困扰，因担心其他人误解、说闲话，还是不会去妇产科检查。如此下去，小病会发展为大病。大家千万要注意，如果身体不舒服一定要去医院。

15 我们也是“一家人”

听听我的故事

我和奶奶、爷爷、叔叔，

还有可爱的小狗玛丽一起生活。

我在奶奶和爷爷膝下长大，我最爱奶奶和爷爷了。

他们会给我做好吃的零食，还会常常陪伴在我身边。

叔叔也每天都陪我玩，还给我辅导作业。

因为这些爱我的家人，

我感到很幸福。

只要彼此珍惜、相互关爱，便都是“一家人”。

大家的家庭成员都有谁？是不是都有妈妈、爸爸、哥哥、姐姐和弟弟呢？有没有人是独生子女呢？当然，也有和爷爷、奶奶住在一起的人。有的人家里还有小狗、小猫等宠物，它们也是很重要的家庭成员呢。

我们每个家庭都有自己的与众不同之处，那你有没有观察过我们周围生活着的各种各样的家庭呢？

有些家庭组成和我们了解的不同，这种情况也并不奇怪。看到别人和自己不同就觉得别人是不正常的，甚至嘲弄对方的行为是不对的，请大家一定不要这样做。

各式各样的家庭

课后活动02

了解一下妊娠和分娩！

我们已经对妊娠和分娩的情况有了一些了解。大家也都知道自己是如何来到这个世界的、自己是多么珍贵的生命个体了吧？

老师准备了《OX小测验》，通过这些有趣的测验题，我们一起来回顾一下关于妊娠和分娩的有关内容吧。

① 精子和卵子相遇形成受精卵。 O X

② 女性都可以去妇产科接受检查诊断。 O X

③ 子宫的大小绝对不会变化。 O X

④ 羊水可以保护胎儿，避免其受到外部冲击及病菌的侵害。 O X

⑤ 胎儿在妈妈体内通过脐带吸收营养。 O X

⑥ 双卵双胞胎的性别和相貌通常都是一样的。 O X

⑦ 比起阴道分娩，剖宫产更好一些。 O X

⑧ 男生的乳腺不发达，不会产生母乳。 O X

⑨ 只有父母、兄弟姐妹才能算是一家人。 O X

⑩ 可以在没有任何准备的情况下妊娠。 O X

答案 ①O ②O ③X ④O ⑤O ⑥X ⑦X ⑧O ⑨X ⑩X

恭候月经的大驾光临

第3章

步入青春期

16 什么是青春期?

听听我的故事

最近我的姐姐有些奇怪。

以前，她放学回来都会和我一起玩儿，可最近她不来找我玩儿了，

还经常一回家就哐的一下把门关上。

我站在姐姐房门前泪眼汪汪，姑姑看到我的样子，说道：

“你姐姐应该是到青春期了。”

青春期是什么？

好怀念和姐姐躺在床上一起聊天，

一起嬉笑玩耍，然后沉沉睡去的那些时光啊！

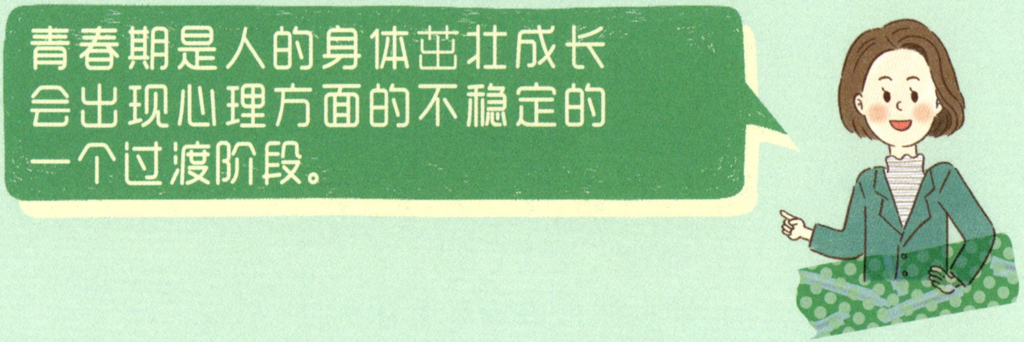

男生和女生在青春期之前，从外表上来看，差异并不明显，有时甚至都很难辨认出性别。不过，一旦步入青春期，女生和男生的身体就会发生很大的变化。青春期到底是什么，竟然会给我们的身体带来这么多变化？

青春期，顾名思义就是“青春的时期”，青春年华。在这个时期，身体茁壮成长、活力满满。

步入青春期后，女生体内“沉睡”的性激素会渐渐“苏醒”。激素对我们的代谢、生长、发育等起着重要作用。尤其是，一旦性激素开始活跃，大家的生殖器官及第二性征等就会迅速发育，从孩子逐渐长大成人。这个时期女性分泌的性激素被称为“雌激素”。

女生一旦开始分泌雌激素，个子就会加速长高，腋窝及外阴位置开始长出体毛，乳房变大，还会开始月经期。此外，心理也会发生一些变化，情绪会经常波动，甚至喜怒无常，有时候还会为一点儿小事儿就生气或发火。

不过，不是所有人青春期的变化都是一样的，而且每个人进入青春期的时间也各不相同。

过早进入青春期并非好事，而青春期迟迟未至也无须担心或感到不安。

对于青春期突如其来的身体变化和情绪变化，大家很有可能会有些惊慌。不过，青春期是所有人在成长过程中必经的一个阶段，所以孙老师建议大家愉悦地接受它，将其当作可以更好地爱护自己的机会。

我很好奇！

我的身体出了点儿状况！

步入青春期后，女生和男生的身体会发生一系列变化，这些变化被统称为**第二性征**。接下来，我们对比一下女生和男生在步入青春期后身体会出现哪些第二性征吧。

男生的第二性征

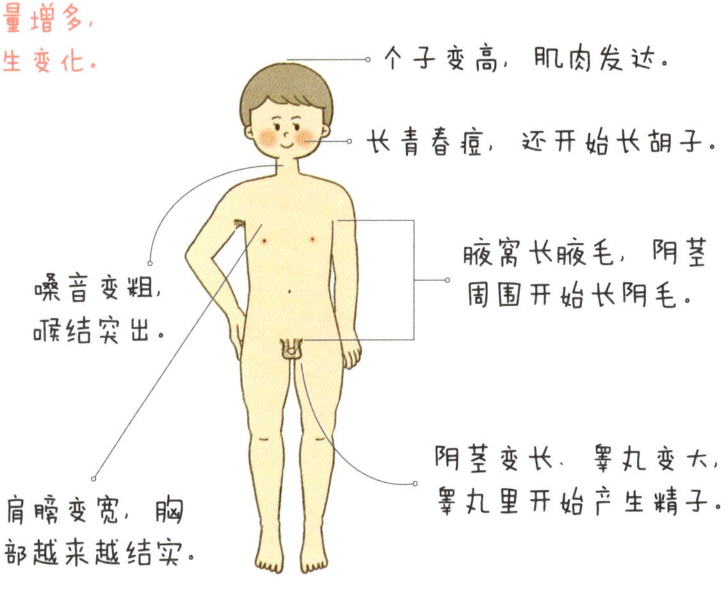

女生的第二性征

雌激素分泌量增多，身体逐渐发生变化。

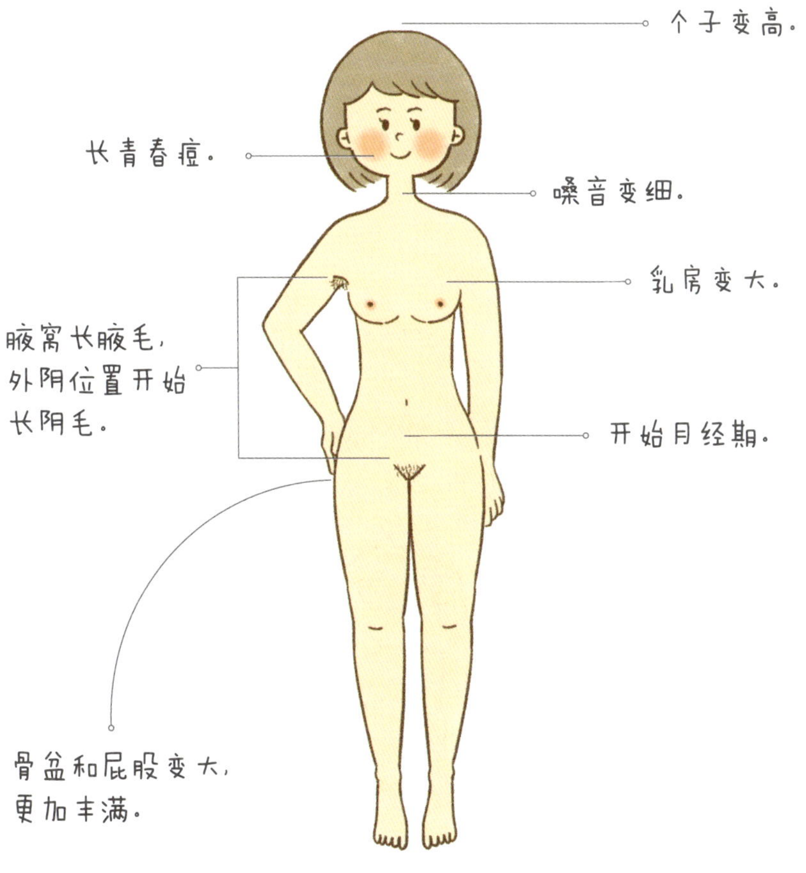

17 我总是在意自己的乳房

听听我的故事

我跑步很厉害，是我们班第一名。

不过，从不久前开始，我因为自己的乳房而有些烦恼。
只要被衣服摩擦，尤其是跑步时，乳房会疼。

我把这件事告诉妈妈后，她笑了笑，
带着我去了内衣店。

在那里，她给我买了文胸。

我要变成大人啦！想到这里，心里还多少有些悸动呢。

这是乳房发育过程中会经历的生长痛。

成年女性和成年男性最大的差别是什么？对于这个问题，大家通常都会回答是乳房。女性的乳房高耸挺拔，而男性的乳房扁平一些。

步入青春期后，女生的乳房开始慢慢发育，有些人可以摸到里面有类似硬块的东西，如果被衣服蹭到，还会有一种令人惊慌的疼痛感。就像是个子长高时膝盖会经历的生长痛一样，乳房的发育过程也会经历这种生长痛。

当然，也有些人乳房发育时没有这种痛苦，但不要因为自己没有经历生长痛，就认为“只有我最特殊”。这种生长痛的程度是因人而异的。

随着身体的不断发育，女生的乳房也会越来越敏感，触碰时会有刺痛感。这时，如果穿一件可用来托住并保护乳房的文胸应该会好一些。在跳绳和跑步过程中，文胸可以帮助固定乳房，避免晃动带来的不适感。大家可根据自己的需要，选择适合自己的文胸。

我们的外貌和性格千差万别，乳房的大小和形状当然也各不相同。随着年龄增长，乳房的外形也会发生变化，女生月经期时的乳房也会比平时大一些。不过，很多人会因为自己乳房的形状和大小而苦恼，甚至还有人会嘲笑别人。

不能简单地认为某种形状的乳房是漂亮的，也不能因为乳房的大小去嘲笑别人。希望大家能接受并爱护自己乳房原本的样子。

我很好奇！

我对文胸很好奇

根据用途及乳房大小的不同，文胸的种类可谓五花八门。每个人乳房的大小和形状都不一样，因此，第一次购买文胸最好直接去内衣店，在量好尺寸、试穿之后，再进行购买。

穿文胸不只是让乳房看起来更加美观，更是为了保护乳房。不过，长时间穿文胸会不舒服，对健康也没有好处。因此，建议大家睡觉时脱掉文胸。

穿文胸也是个人的一种选择。不是所有女性都必须穿文胸。大家可根据自己的需要，选择适合自己的样式来穿戴。

接下来，我们来了解一下大家可能会用到的文胸类型。不过，实际的文胸类型远不止这些，大家选择适合自己的文胸就好。

1　运动文胸

一般背部位置没有卡扣，穿脱比较方便，适合运动的时候穿。

2　无钢圈文胸

一般背部位置有卡扣，但罩杯中无钢圈，穿着舒服、方便，很适合儿童和青少年。

3　带钢圈文胸

罩杯中有钢圈。如果长时间穿着，或者尺寸不合适时，乳房会有刺痛感，或者导致乳房血液循环不通畅，请大家注意这一点。

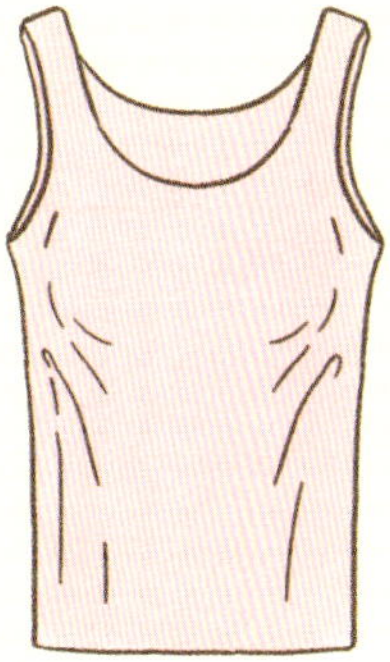

4　带文胸的背心

这种背心的胸部位置带有胸垫，可以用来保护乳房，穿起来非常方便。

18 如果不长体毛就好了

听听我的故事

今天，我和妈妈一起去公共浴池了。

在那里，我一直低着头走路。

因为大人的外阴都长着浓密的阴毛，
看着很奇怪，也令人感到尴尬。

还有腋窝那里的腋毛，也让我觉得有些恶心！

我长大后，外阴也会长阴毛吗？

等我长大了，要是身体不长那些没用的毛就好了！

体毛是身体必不可少的东西，主要用来保护身体健康，大家应该坦然接受。

体毛真的毫无用处吗？为什么我们身体的很多地方都会长出体毛呢？

体毛不仅可以调节身体的温度，还能形成保护层，保护柔软的肌肤不受伤害，尤其是眼睫毛和鼻毛，可以不让灰尘等杂物轻易进入眼睛和鼻子里。

在我们很小的时候，这些体毛还是又短又软的绒毛。随着身体的不断发育，它们会越来越粗、越来越多。步入青春期后，原本没有体毛的腋窝及外阴开始长体毛。腋窝位置的体毛叫腋毛，可帮助汗液蒸发，缓解摩擦；而外阴的体毛叫阴毛，可用来保护生殖器。

“如果体毛像头发一样一直长可怎么办？”有没有人产生过这样的顾虑呢？其实，腋窝和外阴的体毛长到一定程度后就不会再长了。这些位置的体毛一旦过长，会给身体带来不便，而我们的身体就会发出让它们自动停止生长的信号。这是不是很神奇呢？

不过，很多人会因为这些体毛不好看便嫌弃它们，甚至有的人见女生有腋毛或腿毛，会用异样的眼光看她们，认为她们“不像女生”。其实，这些想法都是错误的。女生和男生都有体毛，而让女生把体毛清除干净，这种做法本身就是不合理的。

我们的体毛绝对不是不好或令人恶心的东西。相反，这些体毛会保护我们的身体，让我们保持健康。如果你的身体开始长出体毛，请你从心底里坦然接受这些变化。

19 青春痘让我很苦恼

听听我的故事

最近我很讨厌照镜子。

因为我脸上长了好几个丑陋的青春痘。

每次走神的时候，我的手总是不经意地会摸那些痘痘。

那感觉火辣辣的，还有些刺痛。

我要不要抹一些乳霜遮盖一下呢？

抹药能消除这些痘痘吗？

哎呀，要不就直接挤掉吧。

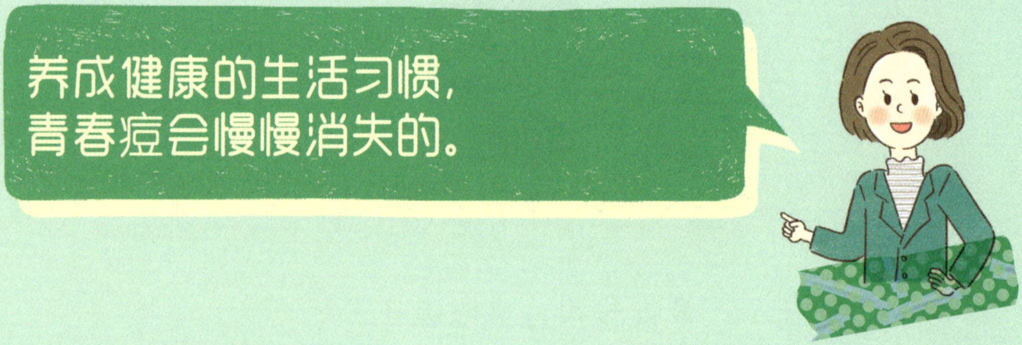

老师上初中时，也曾经因为青春痘而苦恼不已。我忍不住去挤，结果青春痘越来越大，整张脸看起来很丑。我还去皮肤科看医生了，也用过昂贵的化妆品，但都无济于事。青春痘到底是何方神圣，为什么会让我们如此烦恼呢?

步入青春期后，我们体内的激素分泌越来越旺盛。激素刺激皮脂腺，导致皮脂分泌增多。如果皮脂无法顺利排出体外，堵塞了毛孔，就会慢慢形成青春痘。

不只脸上，脖子、后背、胸部、屁股等位置都有可能长青春痘。通常，一周左右的时间，青春痘就会自然消失。不过，也有可能会变红变大，严重的还会化脓等。有时候我们实在忍不住会用手去挤，但这种做法是错误的，因为很有可能会留下疤痕。最好去医院治疗一下。

我们的生活习惯对青春痘有很大的影响。要多吃蔬菜、水果，少吃高糖、高脂肪产品，多喝水，坚持健康饮食；每天把脸洗得干干净净的，不用手随意摸脸，挤捏；保持充足睡眠，这样便不会轻易长青春痘。

健康的生活习惯会帮助你跟青春痘轻松说“拜拜”。

20 内裤上有一些黏糊糊的东西！

听听我的故事

我去厕所尿尿后，用卫生纸擦外阴，

发现上面有一些像鼻涕一样黏黏糊糊的液体。

尿尿怎么会有鼻涕呢？

我肯定是生病了！

我讨厌每天都洗澡，

昨天没洗就睡了。

想起来，真是后悔。

啊，我该怎么办？

这是在激素的影响下，身体自然而然出现的状况。

进入青春期的女生都知道“月经期”，也对自己的月经期非常熟悉。那大家有没有听过“白带”这个词呢？前面故事里的小朋友看到的像鼻涕一样的液体正是白带。和月经期一样，白带也是女生在身体发育过程中出现的正常现象之一。

大家看到白带可能会感到有些不舒服，心里觉得怪怪的。那么，白带到底是如何产生的呢？

从女生的阴道前庭到子宫入口处的通道被称为阴道。白带正是从阴道流出来的液体，主要用来防止因外部摩擦及刺激给阴道带来的伤害。

通常在月经期前，雌激素分泌增多，在其刺激下，白带也会多一些。因此，白带的出现也有可能是月经期马上就要到来的信号。

我们还可以通过白带来了解自己的健康状况。白带的颜色、形态和量因人而异，根据身体状况的不同会有所差别。

身体健康的女性，流出的白带无异味。

如果白带量很多，呈黄色或青色，则表示身体状况出现了异常，一定要去妇产科接受检查。如果发现其他改变或不舒服，也一定要去寻求医生的帮助。

21 为什么会来月经啊?

听听我的故事

课间休息时间，我正在玩耍，

突然，朋友从后面拍了我一下：

“你裤子上有血……”

我跑到洗手间一看，裤子上真的沾着血。

这是月经来潮了吗？

虽然月经的到来很令人骄傲，但流血的感觉有点儿糟糕。

月经到底是怎么回事啊？

月经是身体健康茁壮成长的象征。

对于步入青春期的女生来说，最大的变化应该是月经的到来了。之后，会有血液周期性地从阴道流出来。这令人讨厌又辛苦的月经到底是怎么回事？

女生的卵巢每个月会排一次卵子。这时，激素便开始积极活跃。为保障受精卵能顺利在子宫壁上着床，在激素的作用下子宫壁会变得更加厚实和柔软。随着时间的推移，子宫内膜越来越厚，在雌、孕激素撤退后子宫内膜便会脱落，形成经血。伴随卵巢周期性变化而出现的子宫内膜周期性脱落及出血，我们称为**月经**。

月经来潮时，我们要用到卫生巾，将其贴在内裤上，防止经血弄脏衣服。一般来说，第一天和第二天出血量会很多，接下来会逐渐变少。月经的持续时间称为经期，因人而异，通常为4—7天。

孙老师刚开始来月经时看到身体流血，非常害怕，也很尴尬。据说，很多女生都有过老师这样的想法。我们一般把月经通俗地称为大姨妈等。

月经的到来，象征着大家的身体正健康茁壮地成长，因此完全没有必要害羞或遮掩。这是每一个女生都会经历的非常自然的变化。

我很好奇！

我对月经很好奇

女生的子宫两侧各连着一个卵巢，两个卵巢会交替排卵。一旦卵子完全成熟，卵巢就会向子宫发出将子宫壁变厚的信号。

完全成熟的卵子及其外围结构离开卵巢，向输卵管移动，排入腹腔的这个过程被称为**排卵**。为保障受精卵顺利着床，子宫内膜会变厚。而变厚的子宫内膜会自然脱落，子宫里的宫颈黏液及脱落的阴道上皮细胞等也会随着血液一起通过阴道排出体外。这就是月经，大家都了解了吧？

通常，女生的两侧卵巢是每月一次交替排卵，因此月经也是每月一次。

月经的情况因人而异，有的人周期比较固定，有的人则不大规律。即便不是每个月都经历一次月经，大家也无须因为这种异常而担心。如果月经周期非常紊乱，完全毫无规律，那么建议大家和家里大人沟通一下，去医院检查一下。

月经的原理

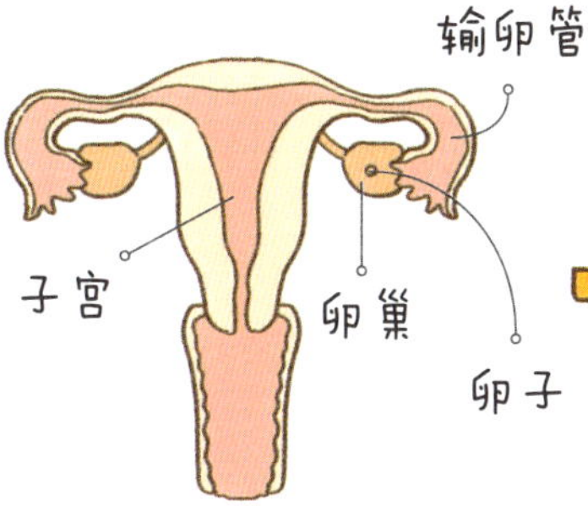

卵子发育成熟。

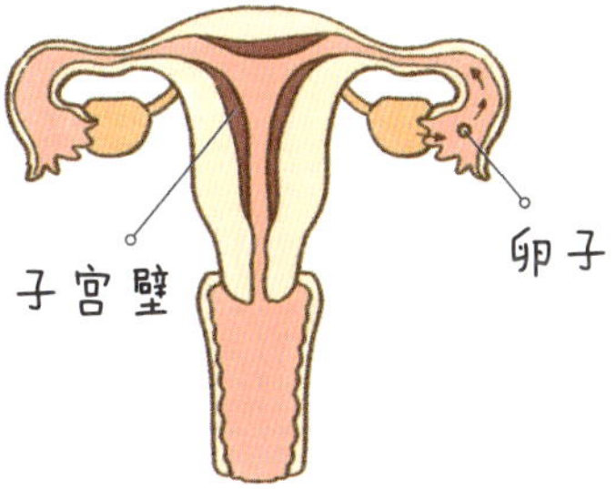

完全成熟的卵子从卵巢里排出，子宫内膜变厚。

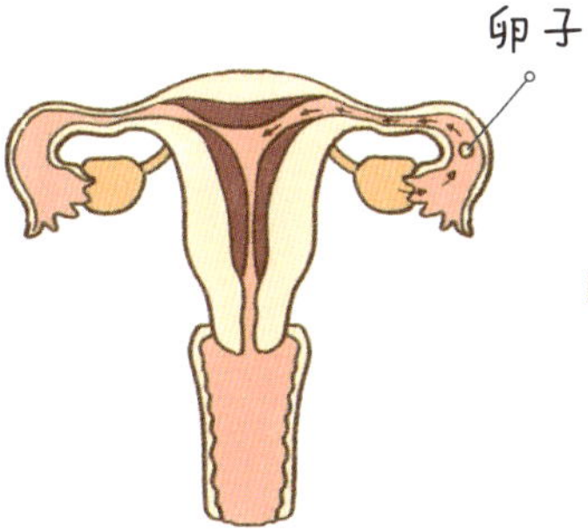

卵子向子宫移动。

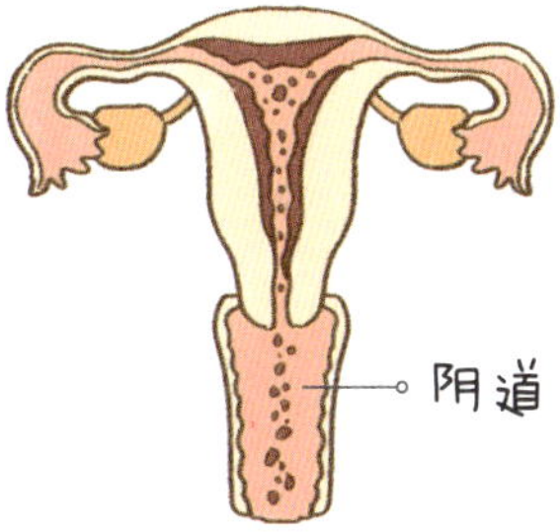

如卵子未受精，经血和营养成分等会通过阴道排出。

22 月经期肚子好痛啊!

听听我的故事

我的小姨今天没有去上班。

她肚子痛，在床上躺了一天。

我问妈妈怎么回事，

妈妈说她来月经了，肚子非常痛。

我刚来月经没多久，

还不知道痛经到底有多难受。

我也会像小姨那样经历痛经吗？

呃，想起来就觉得害怕……

子宫收缩，会引起疼痛。

月经到来时，为将体内的代谢废物和经血排出体外，子宫会反复收缩。这个过程中可能会产生疼痛，这种疼痛感被称为痛经。

不过，并不是所有女生都会痛经，即使痛经，疼痛部位及痛感强度也都因人而异。有的是腰疼，也有的是小腹绞痛。有人痛经非常严重，甚至无法进行日常生活。

如果痛经非常严重，就不要待着一动不动，最好稍微活动一下身体。比如，进行简单的拉伸，或者散步活动，这些会使痛经稍微缓解一些。此外，在小腹放一个暖宝宝，或者喝些热水，都会让身体舒服一些，也可以服用一些止痛药。不过，因为大家年龄尚小，吃药前最好先咨询医生或药剂师。

月经前后，受激素的影响，女生的心理也变得敏感，很容易因为一点小事儿就烦躁不已。在月经期，有的女生会食欲大增，会想吃巧克力这样的甜食。总之，月经期的状况也因人而异。

看了这些，也许会有人认为“月经真的很糟糕”。一旦开始生理期，确实有很多麻烦会随月经而来。不过，这也是能够更好地了解自己身体的机会。我们的身体是如此珍贵，希望大家能坦然接受各种变化，并能愉悦地迎接月经的到来。

23 卫生巾的种类这么多啊？

听听我的故事

我和小姨一起去超市，来到了卫生巾货架前面。

“你自己选要用的卫生巾吧？”小姨说。

卫生巾的种类竟然这么多……

而且，有些类型我压根看不懂。

“翅膀形？小姨，这上面有翅膀？”

小姨听了，笑了笑，跟我讲了一下卫生巾的种类。

月经的世界可真是高深莫测啊。

卫生巾的样式和种类五花八门，大家可选择适合自己的来使用。

卫生巾的类型好多呀！

卫生巾的类型远比我们在超市里见到的多。每一种都有各自的优缺点，样式、大小和用途也各不相同，大家可选择适合自己的。

卫生巾最好是每隔3—4小时进行更换，这样才能防止出现异味，避免引发炎症。

此外，用过的卫生巾千万不要随意丢弃，最好是卷一下，用卫生纸或新卫生巾的包装袋包起来，扔进垃圾桶里。后续事情也都处理干净利落，这才是一个端庄有风度的人该有的举止。下面，我们来了解一下卫生巾五花八门的类型吧。

卫生巾

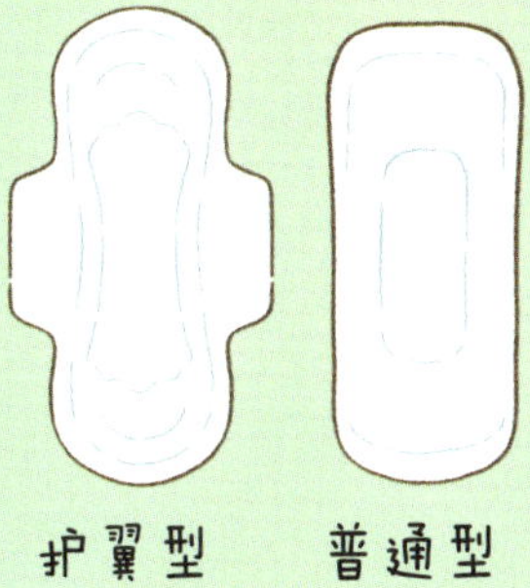

该类卫生巾和尿不湿的样式很相似，使用时将有粘贴层的一面贴在内裤上即可。根据尺寸的不同，可分为小款、中款、大款三种；根据样式的不同，可分为普通型和护翼型。这种卫生巾使用方便，但不可重复使用，一定要购买正规产品，否则可能会因为化学成分等伤害身体。

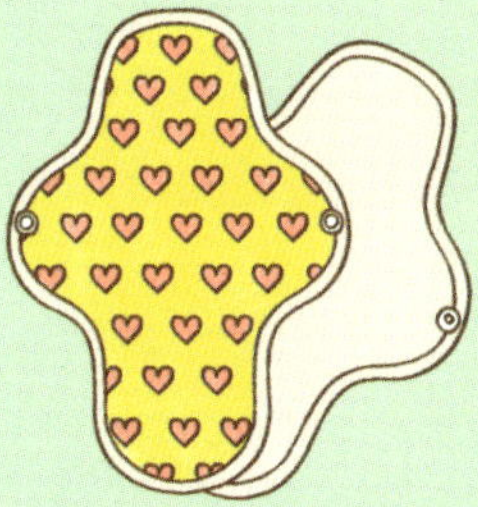

棉布卫生巾

这类卫生巾采用棉布，可以反复清洗循环利用，比较环保。

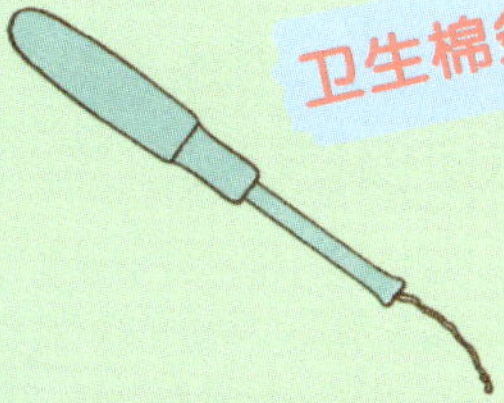

卫生棉条

这是一种圆柱体样式的棉条，月经时放进阴道里来吸收经血。在水里玩耍或运动时，经血不会渗透出来，使用比较方便。

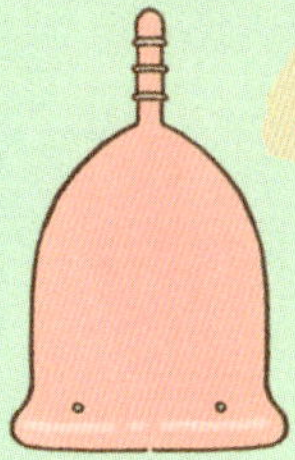

月经杯

这是一种采用松软的硅胶制成的杯状经期用品，使用时将其置入阴道，收集经血，可反复清洗使用。

我很好奇！

月经期Q & A

老师整理了一些大家最关心的经期问题。如果能提前了解经期的各种状况，那么即使月经突然到来，大家也可以沉着冷静地应对。

Q. 突然间我来月经了怎么办？

A. 月经突然到来，大家肯定感到非常惊慌害怕。

由于不确定月经到底什么时候来，因此建议大家提前做好准备。如果没做好准备，在学校里来月经了，可以去学校保健室跟老师说明情况，老师会给大家相应的卫生巾。如果在外面，可以去公共厕所的自动售货机，或者去便利店、药店购买卫生巾。如果买不到卫生巾，也可以将卫生纸叠得厚一些，放在内裤里暂时使用。如果衣服上沾了经血，可以用上衣或书包遮挡一下。

Q. 经血颜色很奇怪，是生病了吗？

A. 经血不一定是红色的。

经血里掺杂着子宫内膜和分泌物等，因此里面会有一些暗红色或褐色血块。

Q. 经期时真的不长个子吗？

A. 即便是在经期，个子也会长的。

在经期，个子并不会停止生长，只是激素的变化导致生长速度放缓而已。

Q. 月经周期不大准时，怎么办？

A. 刚来月经没多久的女生，月经周期有可能不大规律。

这种情况是因为女生的卵巢尚未发育成熟。通常，大约过1年的时间，月经周期就会形成规律，所以不用太担心。如果两次月经间隔时间过长，或者每个月来超过一次，最好是去医院检查。